入门篇
Beginning Level

汉语十日通
Chinese in 10 Days

别红樱 主编

听说

Listening & Speaking

主　　编　别红樱

副 主 编　李耘达

编　　者　李丹芸　冷美雨

英文翻译　李耘达　冷美雨

前　言

《汉语十日通·听说》是在"三位一体"教学模式下为零起点汉语学习者编写的一套听说技能教材。"三位一体"教学模式指的是，听说课、读写课均围绕综合课的教学内容来展开，进一步拓展技能训练的强度和层次。本教材即是《汉语十日通》综合教材的配套听说教材。

编写本套教材的指导思想是：夯实词汇、语法知识应用，围绕重点词汇、句型、话题和交际场景，进行大量的句式操练、听力理解、成段表达等听说技能训练，完成交际任务。综合课的教学内容为技能训练提供了主题、基本词汇和语法的基本用法，听说课在此基础上适当扩展了话题范围，补充了实用的词语，使语法意义在更广阔的环境中得到应用。所采用的方法包括听说法的快速问答、全身反应法、交际法、任务法等，充分体现听说教学的课程特点。

全书共四册，分为入门篇、基础篇、提高篇、冲刺篇。每册10课，每课均对应综合教材的1课，教学时长为2课时，全四册共需80课时。教师也可根据本单位实际情况灵活安排，并适当增减。

四册教材在编写体例上大体相同，同时根据学生语言水平的变化，在材料文体、题型等细节方面有所调整。入门篇主要包括以下几个模块：

生词表　　在综合教材的基础上，补充了与话题相关的常用词语，注明其在《国际中文教育中文水平等级标准》中所属等级（1～6分别对应一至六级；7表示高等，对应七至九级；*表示超纲词），标注该词语在本课中的义项对应的词性。生词表创新点在于表中不提供英文释义，学生在预习过程中自行查阅，并在之后的教学活动中进一步掌握生词意思和用法。在随书下载的每册词汇电子版总表中提供了英文释义，供学生和任课教师参考。

重点句式　　针对综合教材中的语法点和对话中的重点句式进行形式多样的、大量的口耳操练，熟能生巧，学以致用。入门篇重点句式操练以替换练习为主，操控性较强；从基础篇开始增加快速问答、完成会话等生成性和交际性练习，体现听说技能训练的特点。

听对话 为加强听力技能训练，本教材编写了与综合教材话题相对应的长对话，由于以听力技能训练为主，对话普遍长于综合教材中的对话，话轮多，信息量大，有利于练习通过场景和上下文语境理解对话内容。对话充分复现学生应知应会的词汇、语法要素，加入了口语语体元素，为学习者提供多样的可懂性听力输入材料。对话配有听后选择正确答案、听后判断正误、听后填表、听后复述等多种形式的练习，既有对主要内容的概括性练习，又有培养学生抓取关键信息的微技能训练。

听短文 依据主要词汇、语法点及话题，生成有一定难度的综合性语段。在泛听、精听的基础上，学生可完成成段表达练习，以听促说，提升听说结合的效果。

课堂活动 主要由两个部分构成，第一部分为看图说话训练，通过图片展示直观、真实的场景，学习者通过对图片的观察和对隐藏在图片背后信息的想象，进行合理、清晰、得体的表达。第二部分是任务型活动，学习者在真实的语境中，融会词汇、语法和交际框架，进行话题表达，实现口语表达能力的全面提升。

以《汉语十日通》综合教材为核心、以《汉语十日通·听说》和《汉语十日通·读写》为两翼的"三位一体"系列教材，内部是互相支撑、互相促动的关系，既相互配合，又独立灵活。此外，十日通系列教材还配有综合课练习册和习字本。教师或教学单位可根据教学目标和教学需求，灵活组合使用。

Preface

Chinese in 10 Days · Listening & Speaking is a series of textbooks developed for beginning learners of Chinese as a second language under the "Three in One" teaching mode for the purpose of training their Chinese listening and speaking skills. The "Three in One" mode refers to the further extensive and intensive training in Chinese listening & speaking, reading & writing skills centered on the comprehensive course. This textbook of listening & speaking works with the comprehensive course of *Chinese in 10 Days*.

The guiding philosophy of compiling this series of teaching materials is to enhance the application of vocabulary and grammar, and focus on the training in listening and speaking skills for the purpose of communication by practicing extensively in sentence types, listening comprehension and paragraph speaking around key vocabulary, sentence patterns, topics, and communicative scenes. What has been taught in the comprehensive course provides topics, basic vocabulary, and basic usage of grammar for training in the four skills. The listening & speaking course further extends the scope of topics, and supplements with practical words and expressions, so that learners could apply the grammatical meanings in a broader context. The teaching methods adopted in this book, quick ask-and-answer, TPR method, communicative method, task-based method, etc., fully reflect the characteristics of the curriculum of the listening and speaking course.

The current series consists of four volumes: the beginning level, the elementary level, the intermediate level, and the advanced level. Each volume includes 10 lessons and each lesson corresponds to 1 lesson of the comprehensive course. Each lesson takes 2 class-hours to complete, and it totals 80 class-hours for all 4 volumes. Teachers may also decide what to teach from the textbooks, and/or adjust the length of class hours based on specific needs.

The compilation of the four volumes basically follows the same principles, while detailed adjustments in material genres and question types have also been made in accordance with students' language development. Volume 1 (the beginning level) mainly consists of the following modules:

Vocabulary   On the basis of the comprehensive course textbooks, the vocabulary is supplemented with common topic-related words. The level of each word as specified in the *Chinese Proficiency Grading Standards for International Chinese Language Education* (1-6 for the first 6 levels; 7 refers to the advanced levels 7-9; and * indicates words not in the syllabus) and its part of speech in specific lessons are indicated. The innovation of the vocabulary is that there are no English translation of the new words, and students need to look them up in the dictionary during preview, and further familiarize themselves with the words' meaning and usage in subsequent teaching and learning activities. However, for the reference of students and teachers, English translation is available for new words included in the downloadable electronic version of the vocabulary for each of the four volumes.

Key sentence types   Practice makes perfect and learning is for using. It is for this purpose that extensive oral and aural practice of various kinds shall be carried out in line with the grammar points and key sentence types appearing in the comprehensive course textbook and dialogues therein. Substitution is the main method of practicing key sentence types and it is highly operable. Starting from volume 2, such generative and communicative exercises as quick ask-and-answer and dialogue completion shall be included, reflecting the characteristics of training in listening and speaking skills.

Listening to dialogues   This textbook includes long dialogues corresponding to the topics of the comprehensive course textbook for extensive training in listening skills. As the focus is on listening skills training, the dialogues are generally longer than those in the comprehensive course textbook, consisting of many turn-takings loaded with information, which helps with the comprehension of the dialogue through scenes and contexts. The dialogues fully represent the vocabulary and grammar that students should master, in addition to their oral language elements, so as to provide learners with a variety

Preface

of understandable inputs for listening. The dialogues are followed with various forms of exercises, such as multiple choices, true or false questions, form completion, and repeating what has been heard. The exercises include not only those for summarizing the main content of the speech, but also the ones that train students in the micro-skill of extracting information from the speech.

Listening to short passages Drawing upon the main vocabulary, grammar points and topics, comprehensive passages of a certain difficulty level are generated. On the basis of extensive listening and intensive listening, students may practice speaking Chinese up to the length of a paragraph, which aims to help improve speaking via listening and achieve better results by combing the two.

Classroom activities The classroom activity is mainly composed of two parts: The first part is training in speaking with the aid of pictures, which show visualized and actual scenes. Learners shall observe the pictures and perceive what is behind them before making reasonable, articulate and appropriate expressions. For the second part, task-based activities are used. Learners, in the real context, shall talk about topics by putting together vocabulary, grammar and communication framework, in order to improve their ability of oral expression.

With *Chinese in 10 Days* as the trunk and *Chinese in 10 Days · Listening & Speaking* and *Chinese in 10 Days · Reading & Writing* as its two wings, the "Three in One" textbooks complement and facilitate each other internally. They could be used together or separately. In addition, this series of textbooks is completed with student books and exercise books for practicing writing Chinese characters. Teachers or schools may choose teaching materials from the series according to their specific teaching objectives and needs.

目 录 Contents

第 1 课　你好！　　　　　　　　　　　1

第 2 课　你爸爸、妈妈忙吗？　　　　　4

第 3 课　你叫什么名字？　　　　　　　7

第 4 课　这是谁的书？　　　　　　　　10

第 5 课　你是哪国人？　　　　　　　　14

第 6 课　现在几点？　　　　　　　　　19

第 7 课　今天星期几？　　　　　　　　26

第 8 课　你家有几口人？　　　　　　　31

第 9 课　苹果怎么卖？　　　　　　　　37

第 10 课　周末愉快！　　　　　　　　42

听力原文
参考答案
生词总表

Dì-yī kè   Nǐ hǎo!

第 1 课   你 好！

一、语音 Pronunciation

（一）辨音练习 Phonetic practice

☐ 1. 选择听到的声母 Choose the initials you hear

（1） t—d   （2） b—p   （3） m—n   （4） n—l
（5） b—d   （6） t—f   （7） m—p   （8） p—d

☐ 2. 选择听到的韵母 Choose the finals you hear

（1） a—o   （2） e—o   （3） u—ü   （4） i—ü   （5） a—e

☐ 3. 选择正确的声调 Choose the right tones

（1） bā—bá   （2） pí—pǐ   （3） ké—kě   （4） lì—lí   （5） bù—bǔ

☐ 4. 选择听到的音节 Choose the syllables you hear

（1） nǐ—lǐ   （2） hǎo—hǒu   （3） lǎo—hǎo
（4） máng—màn   （5） bù hǎo—nǐ hǎo （6） zàijiàn—xiànzài

（二）朗读音节 Read the syllables

nǐ   hǎo   nín   lǎoshī   bú kèqi
duìbuqǐ   méi guānxi   xuésheng   xièxie   nǐmen

二、生词 New words

序号	词语	拼音	词性	意思
1	同学[1]	tóngxué	名	
2	大家[2]	dàjiā	代	
3	现在[1]	xiànzài	名	
4	上课[1]	shàngkè	动	
5	都[1]	dōu	副	
6	来[1]	lái	动	

三、重点句式操练 Pattern drills

1. Nǐ hǎo!
   你 好！

   | nín |
   | 您 |
   | lǎoshī |
   | 老师 |
   | tóngxuémen |
   | 同学们 |

2. Xièxie nǐ!
   谢谢 你！

   | nín |
   | 您 |
   | lǎoshī |
   | 老师 |
   | dàjiā |
   | 大家 |

四、完成会话 Complete the conversations

1. A：Xièxie!
   谢谢！

   B：_____。

2. A：_____！

   B：Méi guānxi.
   没 关系。

3. A：Tóngxuémen hǎo!
   同学们好！

　　　　B：_____！

4. A：老师，再见！
　　　　　Lǎoshī, zàijiàn!

　　　　B：_____！

五、听后重复，并写下拼音 Repeat the sentences and write down *pinyin* after listening

1. _____
2. _____
3. _____

六、课堂活动 Activities

☐ 分组练习：我说，你做 Group practice: I say it, you do it

两人一组，一位同学读数字，另一位用手指表示 In pairs, one student reads the numbers and the other demonstrates with fingers

第 2 课　你爸爸、妈妈 忙 吗？
Dì-èr kè　Nǐ bàba、māma máng ma?

一、语音 Pronunciation

（一）辨音练习 Phonetic practice

☐ **1. 选择听到的韵母 Choose the finals you hear**

（1）a—er　（2）ai—ei　（3）ao—ou　（4）an—ang　（5）en—eng

☐ **2. 选择正确的声调 Choose the right tones**

（1）mā—má　（2）pí—pǐ　（3）ké—kě　（4）lì—lí　（5）bù—bǔ

☐ **3. 选择听到的音节 Choose the syllables you hear**

（1）nǎi—lái　　　（2）lèi—mèi　　　（3）bù—dù
（4）tā—dā　　　（5）héng—hěn　　（6）jiě—qiě

（二）朗读音节 Read the syllables

| lèi | dīng | máng | wǒ | ma |
| nǎinai | tāmen | gēge | dìdi | yéye |

第2课 你爸爸、妈妈忙吗?

二、生词 New words

序号	词语	拼音	词性	意思
1	困³	kùn	形	
2	饿¹	è	形	
3	渴¹	kě	形	
4	太¹	tài	副	
5	叔叔⁴	shūshu	名	
6	阿姨⁴	āyí	名	
7	休息¹	xiūxi	动	
8	下课¹	xiàkè	动	
9	明天¹	míngtiān	名	
10	呢¹	ne	助	

三、重点句式操练 Pattern drills

1. A：你累吗?
   Nǐ lèi ma?

   B：我很 / 不太 / 不累。
   Wǒ hěn / bú tài / bú lèi.

máng	kùn	è	kě
忙	困	饿	渴

2. A：老丁好吗?
   Lǎo Dīng hǎo ma?

   B：他很好。
   Tā hěn hǎo.

Xiǎo Bái	Mǎlì	Lǐ Qiáng	Wáng lǎoshī
小白	玛丽	李强	王老师

3. A：你爸爸、妈妈忙吗？<rt>Nǐ bàba、māma máng ma?</rt>

B：他们很/不太/不忙。<rt>Tāmen hěn / bú tài / bù máng.</rt>

gēge 哥哥、	jiějie 姐姐	yéye 爷爷、	nǎinai 奶奶
dìdi 弟弟、	mèimei 妹妹	shūshu 叔叔、	āyí 阿姨

四、听后重复，并写下拼音 Repeat the sentences and write down *pinyin* after listening

1. _____

2. _____

3. _____

五、听对话，判断正误 Listen to the dialogue and judge true or false

1. 玛丽很忙。 Mǎlì hěn máng. ( )

2. 丁兰不太忙。 Dīng Lán bú tài máng. ( )

3. 丁兰的爸爸妈妈不太忙。 Dīng Lán de bàba māma bú tài máng. ( )

六、课堂活动 Activities

☐ 小采访 Small survey

每位同学从下面的问题中选三个，采访两位同学 Each student chooses three questions and interviews two students

1. 你忙吗？ Nǐ máng ma?
2. 你累吗？ Nǐ lèi ma?
3. 你爸爸、妈妈忙吗？ Nǐ bàba māma máng ma?
4. 你饿吗？ Nǐ è ma?
5. 你困吗？ Nǐ kùn ma?

第 3 课 你叫什么名字？
Dì-sān kè Nǐ jiào shénme míngzi?

一、语音 Pronunciation

（一）辨音练习 Phonetic practice

☐ 1. 选择听到的声母 Choose the initials you hear

（1）g—k　　（2）g—h　　（3）h—x　　（4）j—q
（5）h—k　　（6）q—x　　（7）j—x　　（8）k—q

☐ 2. 选择听到的韵母 Choose the finals you hear

（1）ia—a　　（2）ie—ia　　（3）iu—ü　　（4）iao—iu
（5）ie—üe　（6）iang—ang（7）iang—ian（8）iong—ong

☐ 3. 选择正确的声调 Choose the right tones

（1）jiào—jiāo　（2）yǔ—yù　（3）xìng—xíng　（4）xuě—xué

☐ 4. 选择听到的音节 Choose the syllables you hear

（1）shén—shéi　（2）me—ma　（3）míng—máng　（4）guì—gěi

（二）朗读音节 Read the syllables

　　jiào　　　shénme　　　míngzi　　　guìxìng　　　xuéxí

二、生词 New words

序号	词语	拼音	词性	意思
1	女[1]	nǚ	形	
2	朋友[1]	péngyou	名	
3	爱人[2]	àiren	名	
4	没有[1]	méiyǒu	动	
5	中文[1]	Zhōngwén	名	
6	没[1]	méi	副	
7	听力[3]	tīnglì	名	
8	口语[4]	kǒuyǔ	名	

三、重点句式操练 Pattern drills

1. A：Nǐ xìng shénme? / Nín guìxìng?
   你姓什么？/ 您贵姓？

   B：Wǒ xìng Bái.
   我姓白。

Zhāng	Wáng	Lǐ	Zhào	Dīng
张	王	李	赵	丁

2. A：Nǐ jiào shénme míngzi?
   你叫什么名字？

   B：Wǒ xìng Lǐ, jiào Lǐ Qiáng.
   我姓李，叫李强。

nǐ 你	Dīng Lán 丁兰
tā 他	Jiǔjǐng Zhēnyī 久井真一
nǐ nǚpéngyou 你女朋友	Wáng Měilì 王美丽
nǐ àiren 你爱人	Luó Píng'ān 罗平安

3. A：你学习什么？
　　 Nǐ xuéxí shénme?
   B：我学习汉语。
　　 Wǒ xuéxí Hànyǔ.

| Yīngyǔ | Fǎyǔ | Rìyǔ | Hánguóyǔ |
| 英语 | 法语 | 日语 | 韩国语 |

四、听后重复，并写下拼音 Repeat the sentences and write down *pinyin* after listening

1. _____
2. _____
3. _____

五、听对话，判断正误 Listen to the dialogue and judge true or false

1. 玛丽姓金。　　　　　　　　　　　　　　　（　）
   Mǎlì xìng Jīn.
2. 口语老师姓王。　　　　　　　　　　　　　（　）
   Kǒuyǔ lǎoshī xìng Wáng.
3. 听力老师姓王。　　　　　　　　　　　　　（　）
   Tīnglì lǎoshī xìng Wáng.

六、课堂活动 Activities

☐ 分组练习：认识新朋友 Group practice: Make new friends

三人一组，互相介绍姓名 Three students in one group, introduce each other

Dì-sì kè Zhè shì shéi de shū？
第 4 课 这是谁的书？

一、语音 Pronunciation

（一）辨音练习 Phonetic practice

☐ **1. 选择听到的声母 Choose the initials you hear**

（1）z—c （2）c—s （3）z—zh （4）zh—ch
（5）ch—sh （6）zh—sh （7）r—l （8）s—sh

☐ **2. 选择听到的韵母 Choose the finals you hear**

（1）ua—uo （2）ia—ua （3）ou—uo （4）uai—ai
（5）ei—ui （6）uang—uan （7）un—en （8）iu—ui

☐ **3. 选择正确的声调 Choose the right tones**

（1）shuí—shuǐ （2）shī—shí （3）cì—cí （4）kuàng—kuáng

☐ **4. 选择听到的音节 Choose the syllables you hear**

（1）zhè—shè （2）bàozhǐ—bāozi （3）hǎochù—hǎochī
（4）cídiǎn—chīdiǎn

第4课 这是谁的书？

（二）朗读音节 Read the syllables

jiǎozi　　　　miàntiáo　　　　běnzi　　　　péngyou　　　　liúxuéshēng

二、生词 New words

序号	词语	拼音	词性	意思
1	面包[1]	miànbāo	名	
2	鸡蛋[1]	jīdàn	名	
3	咖啡[3]	kāfēi	名	
4	牛奶[1]	niúnǎi	名	
5	喝[1]	hē	动	
6	手机[1]	shǒujī	名	
7	笔记本[2]	bǐjìběn	名	
8	一起[1]	yìqǐ	副	
9	读[1]	dú	动	
10	尝[5]	cháng	动	

三、重点句式操练 Pattern drills

1. A：Zhè shì shénme?
   这是什么？
   B：Zhè shì jiǎozi.
   这是饺子。
   A：Hǎochī ma?
   好吃吗？
   B：Hěn hǎochī.
   很好吃。

miàntiáo	hǎochī
面条	好吃
miànbāo	hǎochī
面包	好吃
jīdàn	hǎochī
鸡蛋	好吃
kāfēi	hǎohē
咖啡	好喝
niúnǎi	hǎohē
牛奶	好喝

2. A：　　Zhè shì shéi de shū?
　　　　这是谁的书？

　　B：　　Zhè shì Lǐ Qiáng de shū.
　　　　这是李强的书。

bǐ 笔	Ānnà 安娜
shǒujī 手机	Wáng lǎoshī 王老师
bǐjìběn 笔记本	Mǎlì 玛丽
cídiǎn 词典	Jīn Héyǒng 金和永
kuàngquánshuǐ 矿泉水	wǒ 我

3. A：　　Tā shì shéi?
　　　　他是谁？

　　B：　　Tā shì wǒ péngyou.
　　　　他是我朋友。

　　A：　　Tā yě shì liúxuéshēng ma?
　　　　他也是留学生吗？

　　B：　　Tā bú / yě shì liúxuéshēng.
　　　　他不 / 也是留学生。

tā 他	wǒ gēge 我哥哥	lǎoshī 老师
tā 他	wǒ dìdi 我弟弟	xuésheng 学生
tā 她	wǒ nǚpéngyou 我女朋友	liúxuéshēng 留学生
tā 他	Wáng lǎoshī de àiren 王老师的爱人	lǎoshī 老师

四、听后重复，并写下拼音　Repeat the sentences and write down *pinyin* after listening

1. _____

2. _____

第 4 课　这是谁的书？

3. _____

五、听对话，判断正误　Listen to the dialogue and judge true or false

1. Dīng Lán chī jiǎozi.
   丁兰吃饺子。　　　　　　　　　　　　　　（　）

2. Miàntiáo hěn hǎochī.
   面条很好吃。　　　　　　　　　　　　　　（　）

3. Kāfēi hěn hǎohē.
   咖啡很好喝。　　　　　　　　　　　　　　（　）

六、课堂活动　Activities

☐ 小调查：你吃什么？　Small survey: What do you eat?

到食堂问 3—4 位朋友，完成下表　Ask 3-4 friends in the canteen and complete the following table

péngyou xìngmíng 朋友姓名	chī shénme 吃什么	hǎochī ma 好吃吗	hē shénme 喝什么	hǎohē ma 好喝吗

13

第 5 课 你是哪国人？
Dì-wǔ kè Nǐ shì nǎ guó rén？

一、生词 New words

序号	词语	拼音	词性	意思
1	家[1]	jiā	名	
2	医院[1]	yīyuàn	名	
3	体育馆[2]	tǐyùguǎn	名	
4	卡[2]	kǎ	名	
5	钱包[1]	qiánbāo	名	
6	请问[1]	qǐngwèn	动	
7	米饭[1]	mǐfàn	名	
8	茶[1]	chá	名	
9	干净[1]	gānjìng	形	
10	教室[2]	jiàoshì	名	
11	每[3]	měi	代/副	
12	死[3]	sǐ	形	
13	今天[1]	jīntiān	名	
14	和[1]	hé	连	

第5课　你是哪国人？

二、重点句式操练 Pattern drills

1. A：Nǐ shì nǎ guó rén?
　　你是哪国人？
   B：Wǒ shì Zhōngguórén.
　　我是中国人。

Jīn Héyǒng 金和永	Hánguó 韩国
Wáng Měilì 王美丽	Yìnní 印尼
Jiǔjǐng Zhēnyī 久井真一	Rìběn 日本
Mǎlì 玛丽	Měiguó 美国
Ānnà 安娜	Fǎguó 法国

2. A：Mǎ Yì, nǐ qù nǎr?
　　马义，你去哪儿？
   B：Wǒ qù shāngdiàn.
　　我去商店。

| huíjiā 回家 |
| qù yīyuàn 去医院 |
| qù fànguǎnr 去饭馆儿 |
| qù tǐyùguǎn 去体育馆 |

3. A：Zhè shì nǐ de shūbāo ma?
　　这是你的书包吗？
   B：Zhè bú shì wǒ de shūbāo.
　　这不是我的书包。

| shǒujī 手机 |
| xuéshēngkǎ 学生卡 |
| qiánbāo 钱包 |
| běnzi 本子 |
| Hànyǔshū 汉语书 |
| cídiǎn 词典 |

4. A：Tā shì shéi?
　　他是谁？
   B：Tā shì wǒ yéye.
　　他是我爷爷。

tā 她	mèimei 妹妹
tā 他	gēge 哥哥
tā 她	nǚpéngyou 女朋友
tā 他	àiren 爱人

15

5. A：_{Qǐngwèn, nín chī shénme?}
   请问，您吃什么？
   B：_{Wǒ chī jiǎozi.}
   我吃饺子。

chī 吃	miàntiáo 面条
chī 吃	mǐfàn 米饭
hē 喝	kāfēi 咖啡
hē 喝	chá 茶

6. A：_{Jiǎozi zěnmeyàng?}
   饺子怎么样？
   B：_{Jiǎozi hěn hǎochī. Miàntiáo ne?}
   饺子很好吃。面条呢？
   A：_{Miàntiáo yě hěn hǎochī.}
   面条也很好吃。

bāozi 包子	hǎochī 好吃	miànbāo 面包
kāfēi 咖啡	hǎohē 好喝	chá 茶
sùshè 宿舍	gānjìng 干净	jiàoshì 教室

7. A：_{Nǐ zuìjìn zěnmeyàng?}
   你最近怎么样？
   B：_{Bù zěnmeyàng, měi tiān xuéxí, lèi sǐle.}
   不怎么样，每天学习，累死了。

| hái kéyǐ 还可以 |
| hěn hǎo 很好 |
| mǎmǎhūhū 马马虎虎 |
| bù zěnmeyàng, máng sǐle 不怎么样，忙死了 |

三、听对话 Listen to the dialogue

☐ 1. 听后选择正确答案 Choose the right answer after listening

（1）A. 李强 Lǐ Qiáng B. 马义 Mǎ Yì C. 王老师 Wáng lǎoshī
（2）A. 图书馆 túshūguǎn B. 教室 jiàoshì C. 体育馆 tǐyùguǎn
（3）A. 图书馆 túshūguǎn B. 教室 jiàoshì C. 体育馆 tǐyùguǎn
（4）A. 今天 jīntiān B. 明天 míngtiān C. 每天 měi tiān

☐ 2. 听后填空 Fill in the blanks after listening

（1）李强每天学习，他 _{Lǐ Qiáng měi tiān xuéxí, tā} _____。

第5课 你是哪国人？

Mǎ Yì zuìjìn
（2）马义最近_____。

Mǎ Yì xiànzài qù
（3）马义现在去_____。

四、听短文 Listen to the passage

1. 听后判断正误 Judge true or false after listening

Ānnà shì Měiguórén.
（1）安娜是美国人。　　　　　　　　　　　　（　）

Dīng Lán xuéxí Yīngyǔ.
（2）丁兰学习英语。　　　　　　　　　　　　（　）

Ānnà zuìjìn hěn máng.
（3）安娜最近很忙。　　　　　　　　　　　　（　）

Xiànzài tāmen qù fànguǎnr.
（4）现在她们去饭馆儿。　　　　　　　　　　（　）

Ānnà chī jiǎozi.
（5）安娜吃饺子。　　　　　　　　　　　　　（　）

2. 听后根据所给关键词复述课文 Retail the text with the key words

……好！我叫……，是……人，我学习……。最近我……，每天去……学习，回……也学习，……死了。

这是我的……丁兰，她学习……，她也……。现在我们去……，我吃……，她吃面条。……和面条都很……。

五、课堂活动 Activities

（一）看图说话 Talk about the picture

题目：我的朋友马义　Title: My friend Ma Yi

(二) 小采访 Small survey

采访三位同学以下问题 Interview three students about the following questions

(1) 你是哪国人?

(2) 你最近怎么样?忙吗?

(3) 下课以后(xiàkè yǐhòu: after class)你去哪儿?

第 6 课 现在几点？

Dì-liù kè Xiànzài jǐ diǎn?

一、生词 New words

序号	词语	拼音	词性	意思
1	餐厅[5]	cāntīng	名	
2	洗澡[2]	xǐzǎo	动	
3	钟[3]	zhōng	名	
4	高铁[4]	gāotiě	名	
5	火车[1]	huǒchē	名	
6	汽车[1]	qìchē	名	
7	船[2]	chuán	名	
8	在[1]	zài	动	
9	挺[2]	tǐng	副	
10	做[1]	zuò	动	
11	课文[1]	kèwén	名	
12	哈[3]	hā	拟声	
13	那[2]	nà	连	
14	以后[2]	yǐhòu	名	
15	对[1]	duì	形	
16	一会儿[1]	yíhuìr	数量	
17	酒[2]	jiǔ	名	
18	写[1]	xiě	动	
19	作业[2]	zuòyè	名	
20	吧[1]	ba	助	
21	喜欢[1]	xǐhuan	动	
22	出去[1]	chūqù	动	
23	开始[3]	kāishǐ	动	

二、重点句式操练 Pattern drills

1. A：<ruby>现在几点<rt>Xiànzài jǐ diǎn</rt></ruby>？

   B：<ruby>现在<rt>Xiànzài</rt></ruby> 7:00<ruby>。<rt>qī diǎn.</rt></ruby>

（1）

（2）

7:00	8:05	9:10	10:15	11:20
12:30	13:45	14:50	15:55	16:00

2. <ruby>现在<rt>Xiànzài</rt></ruby> 7:00<ruby>，起床吧<rt>qī diǎn, qǐchuáng ba.</rt></ruby>。

7:30	吃早饭 <rt>chī zǎofàn</rt>	12:00	去餐厅吃午饭 <rt>qù cāntīng chī wǔfàn</rt>
8:20	去教室 <rt>qù jiàoshì</rt>	15:00	回宿舍 <rt>huí sùshè</rt>
8:30	上课 <rt>shàngkè</rt>	18:45	去图书馆 <rt>qù túshūguǎn</rt>
10:00	休息 <rt>xiūxi</rt>	22:15	洗澡 <rt>xǐzǎo</rt>
11:50	下课 <rt>xiàkè</rt>	22:30	睡觉 <rt>shuìjiào</rt>

3. A：<ruby>尼可早上几点钟起床<rt>Níkě zǎoshang jǐ diǎn zhōng qǐchuáng</rt></ruby>？

   B：<ruby>尼可<rt>Níkě</rt></ruby> 6:40 <ruby>起床<rt>liù diǎn sìshí qǐchuáng.</rt></ruby>。

第6课 现在几点？

（1）

7:30	chī zǎofàn 吃早饭
8:20	qù jiàoshì 去教室
8:30	shàngkè 上课
10:00	xiūxi 休息
11:50	xiàkè 下课

12:00	qù shítáng 去食堂
15:00	huí sùshè 回宿舍
18:45	qù fànguǎnr chī wǎnfàn 去饭馆儿吃晚饭
20:00	qù túshūguǎn xuéxí Hànyǔ 去图书馆 学习汉语
22:15	xǐzǎo 洗澡
22:30	shuìjiào 睡觉

Wèn yi wèn nǐ de péngyou, tā / tā shénme shíhou zuò shénme
（2）问一问你的朋友，他/她什么 时候 做 什么

Ask your friend about his/her routine

Lì   Nǐ wǎnshang jǐ diǎn shuìjiào?
例（Example）： A：你晚上 几点 睡觉？

　　　　　　　　Wǒ wǎnshang shíyī diǎn shuìjiào.
　　　　　　B：我 晚上 11:00 睡觉。

　 Fēijī jǐ diǎn dào?
4. A：飞机几点 到？

　　Fēijī   shíwǔ diǎn dào.   (Fēijī   xiàwǔ sān diǎn dào.)
　B：飞机 15:00 到。（飞机下午 3:00 到。）

gāotiě 高铁	15:00
huǒchē 火车	7:15
qìchē 汽车	21:50
chuán 船	16:45

三、听对话 Listen to the dialogue

Nǐ měi tiān zuò shénme?
（一）你每天 做 什么？

☐ **1. 听后选择正确答案** Choose the right answer after listening

　　　　xiūxi　　　　　xué Hànyǔ　　　　chī fàn　　　　　shuìjiào
（1）A. 休息　　　B. 学 汉语　　　C. 吃饭　　　D. 睡觉

　　　　liù diǎn bàn　　qī diǎn　　　　qī diǎn bàn　　　bā diǎn bàn
（2）A. 六点 半　　B. 七点　　　C. 七点 半　　D. 八点 半

21

汉语十日通·听说

（3）A. shuìjiào 睡觉　　B. chī fàn 吃饭　　C. shàngkè 上课　　D. xiě zuòyè 写作业

（4）A. xiàwǔ liǎng diǎn 下午两点　　B. xiàwǔ sì diǎn 下午四点　　C. zhōngwǔ shí'èr diǎn 中午十二点　　D. xiàwǔ sān diǎn 下午三点

2. 听后填空 Fill in the blanks after listening

（1）Mǎlì měi tiān dōu hěn 玛丽每天都很_____。

（2）Tā zǎoshang qī diǎn qù 她早上 7:00 去_____ chī zǎofàn 吃早饭。

（3）Tā měi tiān shàngwǔ bā diǎn sānshí 她每天上午 8:30 _____。

（4）Mǎlì shuō tā bù 玛丽说她不_____。

（二）Nǐ hěn xǐhuan xuéxí Hànyǔ 你很喜欢学习汉语

1. 听后选择正确答案 Choose the right answer after listening

（1）A. xiūxi 休息　　B. hē jiǔ 喝酒　　C. chī fàn 吃饭　　D. shuìjiào 睡觉

（2）A. xiūxi 休息　　B. qù fànguǎnr 去饭馆儿　　C. xiě zuòyè 写作业　　D. hē jiǔ 喝酒

（3）A. xiàwǔ liù diǎn 下午六点　　B. wǎnshang shí diǎn bàn 晚上十点半　　C. zǎoshang wǔ diǎn 早上五点　　D. wǎnshang qī diǎn 晚上七点

（4）A. xuéxí bú tài máng 学习不太忙　　B. xiàwǔ bú shàngkè 下午不上课
　　　C. wǎnshang qù hē jiǔ 晚上去喝酒　　D. xǐhuan xué Hànyǔ 喜欢学汉语

2. 听后判断正误 Judge true or false after listening

（1）Mǎlì xiàkè yǐhòu xiě zuòyè. 玛丽下课以后写作业。　　（　　）

（2）Mǎlì wǎnshang hé péngyou hē jiǔ. 玛丽晚上和朋友喝酒。　　（　　）

（3）Mǎlì wǎnshang shí diǎn bàn shuìjiào. 玛丽晚上十点半睡觉。　　（　　）

（4）Tā péngyou měi tiān shàngkè. 她朋友每天上课。　　（　　）

3. 听对话（一）和（二），填表 Listen to dialogue (1) and (2) and fill in the forms

Mǎlì de yì tiān 玛丽的一天	
6:30	
	chī zǎofàn 吃早饭
	dú kèwén 读课文
8:30	
11:50	
zhōngwǔ 中午	
13:30	shàngkè 上课
	xiàkè 下课
xiàwǔ 下午	huí sùshè xiūxi 回宿舍休息
	qù jiàoshì xiě zuòyè 去教室写作业
	huí sùshè 回宿舍
	shuìjiào 睡觉

péngyou de yì tiān 朋友的一天	
zǎoshang 早上 5:00	
xiàwǔ 下午 6:00	
wǎnshang 晚上	

四、听短文 Listen to the passage

1. 听后选择正确答案 Choose the right answer after listening

（1）A. 6:40　　B. 7:00　　C. 7:30　　D. 8:15

（2）A. jiàoshì 教室　　B. sùshè 宿舍　　C. fànguǎnr 饭馆儿　　D. shítáng 食堂

23

（3）A. <ruby>图书馆<rt>túshūguǎn</rt></ruby>　　B. <ruby>教室<rt>jiàoshì</rt></ruby>　　C. <ruby>食堂<rt>shítáng</rt></ruby>　　D. <ruby>商店<rt>shāngdiàn</rt></ruby>

（4）A. 18:45　　B. 22:00　　C. 22:30　　D. 18:00

2. 听后根据所给关键词复述课文 Retail the text with the key words

<ruby>尼可每天早上<rt>Níkě měi tiān zǎoshang</rt></ruby>……，……<ruby>开始读课文<rt>kāishǐ dú kèwén</rt></ruby>。……<ruby>吃早饭<rt>chī zǎofàn</rt></ruby>，<ruby>他的早饭<rt>tā de zǎofàn</rt></ruby><ruby>是<rt>shì</rt></ruby>……。

<ruby>上午<rt>Shàngwǔ</rt></ruby>……，<ruby>尼可<rt>Níkě</rt></ruby>……。<ruby>他学习汉语<rt>Tā xuéxí Hànyǔ</rt></ruby>。<ruby>他<rt>Tā</rt></ruby>……<ruby>上课<rt>shàngkè</rt></ruby>，……<ruby>下课<rt>xiàkè</rt></ruby>，<ruby>他<rt>tā</rt></ruby>……<ruby>吃午饭<rt>chī wǔfàn</rt></ruby>，<ruby>食堂的蛋炒饭<rt>shítáng de dànchǎofàn</rt></ruby>……。<ruby>下午<rt>Xiàwǔ</rt></ruby>……<ruby>上课<rt>shàngkè</rt></ruby>，……<ruby>下课<rt>xiàkè</rt></ruby>。<ruby>尼可<rt>Níkě</rt></ruby><ruby>很累<rt>hěn lèi</rt></ruby>，<ruby>他<rt>tā</rt></ruby>……。……<ruby>他去<rt>tā qù</rt></ruby>，……<ruby>回宿舍吃晚饭<rt>huí sùshè chī wǎnfàn</rt></ruby>。

<ruby>晚上<rt>Wǎnshang</rt></ruby>……，<ruby>尼可<rt>Níkě</rt></ruby>……。……<ruby>回宿舍<rt>huí sùshè</rt></ruby>……，<ruby>他每天晚上<rt>tā měi tiān wǎnshang</rt></ruby>……<ruby>睡觉<rt>shuìjiào</rt></ruby>。

<ruby>尼可每天<rt>Níkě měi tiān</rt></ruby>……，<ruby>你呢？<rt>nǐ ne?</rt></ruby>

五、课堂活动 Activities

（一）看图说话 Talk about the picture

题目：<ruby>王美丽的一天<rt>Wáng Měilì de yì tiān</rt></ruby>

Title: One day of Wang Meili

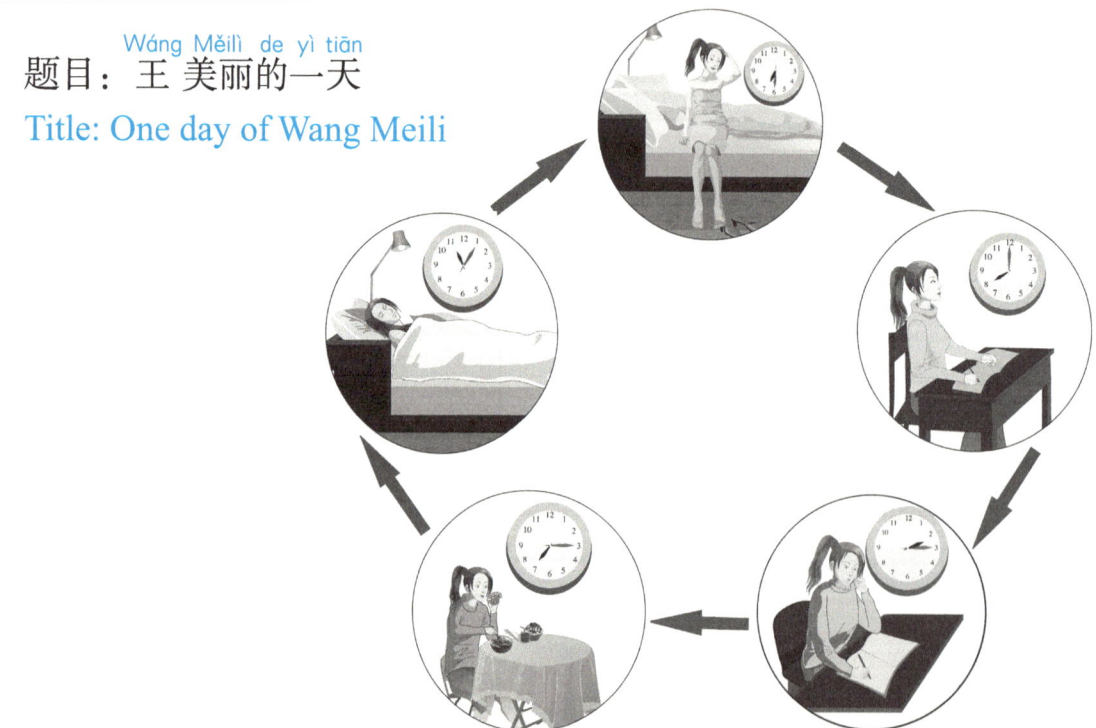

第6课　现在几点？

（二）小采访：×××的一天　Small survey: Daily routine of XXX

请按照下表中的问题，采访两三位同学，然后根据表格，介绍一下"×××的一天" Interview 2–3 classmates and fill in the form. Then introduce his/her daily routine

	同学 1	同学 2	同学 3
qǐchuáng 起床			
chī zǎofàn 吃早饭			
shàngkè 上课			
xiàkè 下课			
chī wǔfàn 吃午饭			
qù túshūguǎn 去图书馆			
chī wǎnfàn 吃晚饭			
shuìjiào 睡觉			

第 7 课　今天 星期 几？
Dì-qī kè　Jīntiān xīngqī jǐ？

一、生词　New words

序号	词语	拼音	词性	意思
1	今年[1]	jīnnián	名	
2	前年[2]	qiánnián	名	
3	去年[1]	qùnián	名	
4	明年[1]	míngnián	名	
5	后年[3]	hòunián	名	
6	教师[2]	jiàoshī	名	
7	节[2]	jié	名	
8	日[1]	rì	名	
9	母亲[3]	mǔqīn	名	
10	儿童[4]	értóng	名	
11	父亲[3]	fùqīn	名	
12	国庆[3]	guóqìng	名	
13	周[2]	zhōu	名	
14	周末[2]	zhōumò	名	
15	玩儿[1]	wánr	动	
16	公园[2]	gōngyuán	名	
17	电影[1]	diànyǐng	名	
18	有[1]	yǒu	动	
19	考试[1]	kǎoshì	动	
20	跟[1]	gēn	介	
21	汉字[1]	Hànzì	名	

第7课　今天星期几？

二、重点句式操练　Pattern drills

1. 今年是二〇二三年。
   Jīnnián shì èr líng èr sān nián.

qiánnián 前年	2021	qùnián 去年	2022
míngnián 明年	2024	hòunián 后年	2025

2. A：今天几月几号？
      Jīntiān jǐ yuè jǐ hào?

   B：今天九月十号，（是教师节）。
      Jīntiān Jiǔyuè shí hào, (shì Jiàoshī Jié).

Yīyuè yī rì 1月1日		Liùyuè shíjiǔ rì 6月19日	Fùqīn Jié 父亲节
Èryuè èrshíbā rì 2月28日		Qīyuè shíliù rì 7月16日	Zhēnyī de shēngrì 真一的生日
Sānyuè shíyī rì 3月11日		Bāyuè shíwǔ rì 8月15日	
Sìyuè sānshí rì 4月30日		Shíyuè yī rì 10月1日	Guóqìng Jié 国庆节
Wǔyuè bā rì 5月8日	Mǔqīn Jié 母亲节	Shíyīyuè shí'èr rì 11月12日	
Liùyuè yī rì 6月1日	Értóng Jié 儿童节	Shí'èryuè jiǔ rì 12月9日	

3. A：今天星期几/周几？
      Jīntiān xīngqī jǐ / zhōu jǐ?

   B：今天星期六/周六（，今天我们休息）。
      Jīntiān Xīngqīliù / Zhōuliù (, jīntiān wǒmen xiūxi).

Xīngqīyī / Zhōuyī 星期一/周一
Xīngqī'èr / Zhōu'èr 星期二/周二
Xīngqīsān / Zhōusān 星期三/周三
Xīngqīsì / Zhōusì 星期四/周四
Xīngqīwǔ / Zhōuwǔ 星期五/周五
Xīngqīliù / Zhōuliù 星期六/周六
Xīngqītiān / Xīngqīrì / Zhōurì 星期天/星期日/周日

4. Jiǔyuè shí hào bú shì Xīngqīwǔ, shì Xīngqīliù.
   九月十号不是星期五，是星期六。

qiántiān 前天	sì 四	wǔ 五
mígtiān 明天	yī 一	èr 二
Shíyīyuè sì rì 11月4日	liù 六	rì 日
Shí'èryuè èrshíwǔ rì 12月25日	yī 一	rì 日

5. A: Nǐ de shēngrì shì jǐ yuè jǐ hào?
      你的生日是几月几号？
   B: Wǒ de shēngrì shì Qīyuè èrshíwǔ hào.
      我的生日是七月二十五号。

Mǎlì 玛丽	Jiǔyuè èrshíbā rì 9月28日
Níkě 尼可	Sānyuè èrshíjiǔ rì 3月29日
Wáng Měilì 王美丽	Shíyīyuè wǔ rì 11月5日
Zhēnyī 真一	Qīyuè shíliù rì 7月16日
Dīng Lán 丁兰	Yīyuè yī rì 1月1日

6. A: Wǒmen shénme shíhou qù Chángchéng?
      我们什么时候去长城？
   B: (Wǒmen) Xīngqīwǔ qù Chángchéng.
      （我们）星期五去长城。

Xīngqīsān 星期三	yìqǐ chī fàn 一起吃饭
Xīngqītiān 星期天	qù shāngdiàn 去商店
měi tiān wǎnshang 每天晚上	zuò zuòyè 做作业
zhōumò 周末	wánr 玩儿
míngtiān zǎoshang 明天早上	lái shàngkè 来上课

第7课　今天星期几？

三、听对话 Listen to the dialogue

1. 听后选择正确答案 Choose the right answer after listening

（1）A. 9月25日　　B. 9月26日　　C. 9月27日　　D. 10月1日
（2）A. 考试　　　　B. 去教室　　　C. 上课　　　　D. 去玩儿
（3）A. 国庆节　　　B. 今天　　　　C. 9月26号　　D. 星期四
（4）A. 星期三　　　B. 星期四　　　C. 星期五　　　D. 星期六
（5）A. 上网　　　　B. 看电视　　　C. 学习　　　　D. 去饭馆儿

2. 听后判断正误 Judge true or false after listening

（1）中国的国庆节是10月11号。　　　　　　　　　　　　　　（　　）
（2）国庆节是星期一。　　　　　　　　　　　　　　　　　　（　　）
（3）明天他们有考试。　　　　　　　　　　　　　　　　　　（　　）
（4）国庆节他们不上课。　　　　　　　　　　　　　　　　　（　　）
（5）他们今天晚上跟朋友聊天儿。　　　　　　　　　　　　　（　　）

四、听短文 Listen to the passage

1. 听后选择正确答案 Choose the right answer after listening

（1）A. 9月10日　　B. 9月11日　　C. 9月6日　　　D. 10月9日
（2）A. 儿童节　　　B. 父亲节　　　C. 母亲节　　　D. 教师节
（3）A. 餐厅　　　　B. 商店　　　　C. 学校　　　　D. 公园
（4）A. 早上　　　　B. 上午　　　　C. 下午　　　　D. 晚上
（5）A. 写汉字　　　B. 去公园　　　C. 跟妈妈聊天儿　D. 休息

2. 听后根据所给关键词复述课文 Retail the text with the key words

Jīn tiān shì yuè rì xīngqī　　Jīn tiān shì jié yě shì wǒ bàba
今天 是……月……日，星期……。今天 是……节，也 是 我 爸爸
de　　Shàngwǔ wǒmen yìqǐ xiàwǔ bàba wǒ zuò zuòyè
的……。 上午 我们 一起……，下午 爸爸……，我……、做 作业。
Wǒmen qù chī wǎnfàn Wǎnshang wǒmen gēn māma tā yě shì měi
我们 去……吃 晚饭。晚 上 我们……跟 妈妈……，她 也 是……，每
tiān dōu
天 都……。

五、课堂活动 Activities

（一）看图说话 Talk about the picture

题目：朋友们的生日 Title: Birthday of my friends

（二）分组练习：家人的生日 Group practice: Family's birthday

两人一组，介绍自己家人的生日 In pairs, introduce your family's birthday with your partner

第8课 你家有几口人？

一、生词 New words

序号	词语	拼音	词性	意思
1	丈夫[4]	zhàngfu	名	
2	妻子[4]	qīzi	名	
3	工人[1]	gōngrén	名	
4	工厂[3]	gōngchǎng	名	
5	护士[4]	hùshi	名	
6	出租车[2]	chūzūchē	名	
7	课本[1]	kèběn	名	
8	橡皮[7]	xiàngpí	名	
9	服务员[*]	fúwùyuán	名	
10	照片[2]	zhàopiàn	名	
11	哪个[*]	nǎge	代	
12	这个[*]	zhège	代	
13	法律[4]	fǎlǜ	名	

二、重点句式操练 Pattern drills

1. A：马义家有几口人？

　　　　Tā jiā yǒu sān kǒu rén.
　B：他家有三口人。

Mǎ Yì jiā
马义家

Níkě jiā
尼可家

Zhēnyī jiā
真一家

　　　Nǐ jiā dōu yǒu shénme rén?
2. A：你家都有什么人？
　　　Bàba、　māma hé wǒ.
　B：爸爸、妈妈和我。

yéye	nǎinai	bàba	māma	gēge	jiějie
爷爷	奶奶	爸爸	妈妈	哥哥	姐姐
dìdi	mèimei	shūshu	āyí	zhàngfu	qīzi
弟弟	妹妹	叔叔	阿姨	丈夫	妻子

　　　Nǐ zuò shénme gōngzuò?
3. A：你做什么工作？
　　　Wǒ shì lǎoshī.
　B：我是老师。
　　　Nǐ zài nǎr gōngzuò?
　A：你在哪儿工作？
　　　Wǒ zài dàxué gōngzuò.
　B：我在大学工作。

第8课　你家有几口人？

shòuhuòyuán 售货员	shāngdiàn 商店
yīshēng 医生	yīyuàn 医院
gōngrén 工人	gōngchǎng 工厂
zhíyuán 职员	gōngsī 公司
hùshi 护士	yīyuàn 医院
sījī 司机	chūzūchē gōngsī 出租车公司

4. A：Nǐ yǒu Hànyǔ cídiǎn ma?
你有汉语词典吗？

 B：Wǒ yǒu Hànyǔ cídiǎn. / Wǒ méiyǒu Hànyǔ cídiǎn.
我有汉语词典。/ 我没有汉语词典。

kèběn 课本	gēge 哥哥
Hànyǔshū 汉语书	jiějie 姐姐
bǐ 笔	dìdi 弟弟
běnzi 本子	mèimei 妹妹
xiàngpí 橡皮	àiren 爱人
shǒujī 手机	Zhōngguó péngyou 中国朋友

5. A：Nǐ nǎinai jīnnián duō dà niánjì?
你奶奶今年多大年纪？

 B：Wǒ nǎinai jīnnián liùshíbā suì.
我奶奶今年六十八岁。

yéye 爷爷	qīshí suì 70 岁
gēge 哥哥	èrshí'èr suì 22 岁
bàba 爸爸	sìshíwǔ suì 45 岁
āyí 阿姨	sānshíjiǔ suì 39 岁
mèimei 妹妹	jiǔ suì 9 岁

6. A：Nǐ bàba zuò shénme gōngzuò?
你爸爸做什么工作？

　B：Tā shì gōngsī jīnglǐ.
他是公司经理。

　A：Nǐ māma ne?
你妈妈呢？

　B：Tā shì lǎoshī, zài dàxué gōngzuò.
她是老师，在大学工作。

shūshu 叔叔	sījī 司机	chūzūchē gōngsī 出租车公司
āyí 阿姨	hùshi 护士	yīyuàn 医院
jiějie 姐姐	shòuhuòyuán 售货员	shāngdiàn 商店
gēge 哥哥	xuésheng 学生	dàxué xuéxí 大学学习
mèimei 妹妹	xuésheng 学生	xiǎoxué xuéxí 小学学习
àiren 爱人	fúwùyuán 服务员	bīnguǎn 宾馆

三、听对话 Listen to the dialogue

1. 听后判断正误 Judge true or false after listening

（1）Tāmen zài kàn Xiǎomíng jiā de zhàopiàn.
他们在看小明家的照片。　　　　　　　　　　（　）

（2）Zhàopiàn shang yǒu Xiǎomíng de mèimei.
照片上有小明的妹妹。　　　　　　　　　　　（　）

（3）Xiǎomíng jiā yǒu liù kǒu rén.
小明家有六口人。　　　　　　　　　　　　　（　）

（4）Xiǎomíng jīnnián sān suì.
小明今年三岁。　　　　　　　　　　　　　　（　）

（5）Xiǎomíng de jiějie shì dàxuéshēng.
小明的姐姐是大学生。　　　　　　　　　　　（　）

2. 听后填空 Fill in the blanks after listening

Xiǎomíng jiā yǒu ___ kǒu rén, nǎinai、bàba、___、___、jiějie hé Xiǎomíng.
小明家有＿＿＿口人，奶奶、爸爸、＿＿＿、＿＿＿、姐姐和小明。

第8课 你家有几口人？

Xiǎo míng de gēge jīnnián　　　suì, zài gōngsī gōng zuò. Jiějie jīnnián èrshísì suì,
小明的哥哥今年　　　岁，在公司工作。姐姐今年24岁，
shì　　　. Xiǎomíng de nǎinai jīnnián　　　suì le.
是　　　。小明的奶奶今年　　　岁了。

四、听短文　Listen to the passage

☐ **1. 听后选择正确答案　Choose the right answer after listening**

（1）A. 10口人　B. 4口人　C. 14口人　D. 8口人
（2）A. 70岁　　B. 68岁　　C. 48岁　　D. 78岁
（3）A. 我叔叔　B. 我阿姨　C. 我姐姐　D. 我妈妈
（4）A. 我哥哥　B. 我妹妹　C. 我　　　D. 我姐姐
（5）A. 医院　　B. 大学　　C. 公司　　D. 商店

☐ **2. 听后根据所给关键词复述课文　Retail the text with the key words**

我家有……口人，爷爷、奶奶、爸爸、妈妈、……、……、哥哥、姐姐、……和我。我爷爷今年……岁，奶奶……岁，他们现在都不工作。我爸爸是……，妈妈是……，他们每天都很忙。我叔叔是……，阿姨是护士，在……工作。哥哥是大学生，他学习……。姐姐是商店的……。我妹妹今年9岁，是……。我呢？现在在北京语言大学学习……，……去北京大学学习。

五、课堂活动 Activities

（一）看图说话 Talk about the picture

题目：小李的一家 Title: The family of Xiao Li
(Xiǎo Lǐ de yì jiā)

小李 (Xiǎo Lǐ)　24 岁　　　妹妹　21 岁

爸爸　52 岁　　　妈妈　48 岁

（二）分组练习：介绍家人 Group practice: Introduce your family

准备一张家庭照片，在小组内进行介绍 Bring a photo of your family and introduce your family to your group

第 9 课 苹果怎么卖？

Dì-jiǔ kè Píngguǒ zěnme mài?

一、生词 New words

序号	词语	拼音	词性	意思
1	杯子[1]	bēizi	名	
2	支[3]	zhī	量	
3	饼干[5]	bǐnggān	名	
4	包[1]	bāo	名/量	
5	本[1]	běn	量	
6	葡萄[5]	pútao	名	
7	棵[4]	kē	量	
8	白菜[3]	báicài	名	
9	点心[7]	diǎnxin	名	
10	盒[5]	hé	名/量	
11	两[2]	liǎng	量	
12	羊[3]	yáng	名	
13	肉[1]	ròu	名	
14	果汁[3]	guǒzhī	名	
15	报纸[2]	bàozhǐ	名	
16	份[2]	fèn	量	
17	西瓜[4]	xīguā	名	
18	超市[2]	chāoshì	名	

二、重点句式操练　Pattern drills

1. A：<ruby>你<rt>Nǐ</rt></ruby> <ruby>有<rt>yǒu</rt></ruby> <ruby>多少<rt>duōshao</rt></ruby> <ruby>钱<rt>qián</rt></ruby>？

   B：<ruby>我<rt>Wǒ</rt></ruby> <ruby>有<rt>yǒu</rt></ruby> <ruby>十五<rt>shíwǔ</rt></ruby> <ruby>块<rt>kuài</rt></ruby> （<ruby>钱<rt>qián</rt></ruby>）。

líng diǎn wǔ yuán 0.5 元	yī diǎn líng wǔ yuán 1.05 元	èr diǎn wǔ yuán 2.5 元	shísān diǎn líng wǔ yuán 13.05 元
shíbā yuán 18 元	èrshí diǎn wǔ yuán 20.5 元	yìbǎi líng wǔ yuán 105 元	yìbǎi jiǔshíbā yuán 198 元

2. A：<ruby>包子<rt>Bāozi</rt></ruby> <ruby>多少<rt>duōshao</rt></ruby> <ruby>钱<rt>qián</rt></ruby> <ruby>一<rt>yí</rt></ruby> <ruby>个<rt>gè</rt></ruby>？／<ruby>包子<rt>Bāozi</rt></ruby> <ruby>一<rt>yí</rt></ruby> <ruby>个<rt>gè</rt></ruby> <ruby>多少<rt>duōshao</rt></ruby> <ruby>钱<rt>qián</rt></ruby>？

   B：<ruby>包子<rt>Bāozi</rt></ruby> <ruby>0.5<rt>líng diǎn wǔ</rt></ruby> <ruby>元<rt>yuán</rt></ruby> <ruby>一<rt>yí</rt></ruby> <ruby>个<rt>gè</rt></ruby>。／<ruby>包子<rt>Bāozi</rt></ruby> <ruby>一<rt>yí</rt></ruby> <ruby>个<rt>gè</rt></ruby> <ruby>0.5<rt>líng diǎn wǔ</rt></ruby> <ruby>元<rt>yuán</rt></ruby>。

<ruby>杯子<rt>bēizi</rt></ruby> 10 <ruby>元<rt>yuán</rt></ruby>／<ruby>个<rt>gè</rt></ruby>　　<ruby>啤酒<rt>píjiǔ</rt></ruby> 5 <ruby>元<rt>yuán</rt></ruby>／<ruby>瓶<rt>píng</rt></ruby>　　<ruby>笔<rt>bǐ</rt></ruby> 7.5 <ruby>元<rt>yuán</rt></ruby>／<ruby>支<rt>zhī</rt></ruby>

<ruby>笔记本<rt>bǐjìběn</rt></ruby> 2.5 <ruby>元<rt>yuán</rt></ruby>／<ruby>个<rt>gè</rt></ruby>　　<ruby>饼干<rt>bǐnggān</rt></ruby> 4.5 <ruby>元<rt>yuán</rt></ruby>／<ruby>包<rt>bāo</rt></ruby>　　<ruby>苹果<rt>píngguǒ</rt></ruby> 2.3 <ruby>元<rt>yuán</rt></ruby>／<ruby>斤<rt>jīn</rt></ruby>

3. A：<ruby>请问<rt>Qǐngwèn</rt></ruby>，<ruby>矿泉水<rt>kuàngquánshuǐ</rt></ruby> <ruby>怎么<rt>zěnme</rt></ruby> <ruby>卖<rt>mài</rt></ruby>？

   B：<ruby>1.5<rt>Yī diǎn wǔ</rt></ruby> <ruby>元<rt>yuán</rt></ruby> <ruby>一<rt>yì</rt></ruby> <ruby>瓶<rt>píng</rt></ruby>。

第9课 苹果怎么卖？

liǎng běn Yīngyǔshū 两 本 英语书	bā diǎn liù yuán / běn 8.6 元 / 本
sān gè bǐjìběn 三 个 笔记本	liù diǎn èr yuán / gè 6.2 元 / 个
sì jīn pútao 四 斤 葡萄	shíwǔ yuán / jīn 15 元 / 斤
liǎng jīn cǎoméi 两 斤 草莓	shí diǎn wǔ yuán / jīn 10.5 元 / 斤
sān jīn bàn júzi 三 斤 半 橘子	sān diǎn èr yuán / jīn 3.2 元 / 斤
liǎng běn cídiǎn 两 本 词典	wǔshíwǔ yuán / běn 55 元 / 本
sān kē báicài 三 棵 白菜	wǔ yuán / kē 5 元 / 棵

Liǎng gè miànbāo duōshao qián?
4. A：两个面包多少钱？
　　Yígòng sì kuài yī máo liù.
　 B：一共 四 块 一 毛 六。

diǎnxin 点心	sìshíwǔ yuán / hé 45 元 / 盒
pútaojiǔ 葡萄酒	yìbǎi jiǔshíbā yuán / píng 198 元 / 瓶
jiǎozi 饺子	sì diǎn bā yuán / liǎng 4.8 元 / 两
yángròu 羊 肉	sānshíliù yuán / jīn 36 元 / 斤
guǒzhī 果汁	shíbā yuán / bēi 18 元 / 杯
bàozhǐ 报纸	yī diǎn wǔ yuán / fèn 1.5 元 / 份
xīguā 西瓜	èr diǎn wǔ yuán / jīn 2.5 元 / 斤

三、听对话　Listen to the dialogue

☐ **1. 听后选择正确答案 Choose the right answer after listening**

　　　　guǒzhī　　　　　　bǐjìběn　　　　　　cǎoméi　　　　　　diǎnxin
（1）A. 果汁　　　　B. 笔记本　　　　C. 草莓　　　　D. 点心
　　　　tài guì le　　　　chāoshì méiyǒu　　　hē jiǔ bù hǎo　　　bù hǎohē
（2）A. 太贵了　　　B. 超市 没有　　　C. 喝酒不好　　　D. 不好喝

（3）A. <ruby>1瓶<rt>yì píng</rt></ruby>　　B. <ruby>2瓶<rt>èr/liǎng píng</rt></ruby>　　C. <ruby>3瓶<rt>sān píng</rt></ruby>　　D. <ruby>4瓶<rt>sì píng</rt></ruby>

（4）A. <ruby>很贵<rt>hěn guì</rt></ruby>　　B. <ruby>很酸<rt>hěn suān</rt></ruby>　　C. <ruby>不贵<rt>bú guì</rt></ruby>　　D. <ruby>很甜<rt>hěn tián</rt></ruby>

（5）A. <ruby>3个<rt>sān gè</rt></ruby>　　B. <ruby>1个<rt>yí gè</rt></ruby>　　C. <ruby>2个<rt>èr/liǎng gè</rt></ruby>　　D. <ruby>4个<rt>sì gè</rt></ruby>

2. 听后把下面的表格补充完整 Complete the form after listening

	买 / 不买 (mǎi / bù mǎi)	多少钱？(duōshao qián)
果汁 (guǒzhī)	√	25 块 / 瓶 (èrshíwǔ kuài / píng)
葡萄酒 (pútaojiǔ)		/
葡萄 (pútao)	√	
香蕉 (xiāngjiāo)		/
点心 (diǎnxin)		
笔记本 (bǐjìběn)		

四、听短文 Listen to the passage

1. 听后选择正确答案 Choose the right answer after listening

（1）A. <ruby>星期日<rt>Xīngqīrì</rt></ruby>　　B. <ruby>星期五<rt>Xīngqīwǔ</rt></ruby>　　C. <ruby>星期六<rt>Xīngqīliù</rt></ruby>　　D. <ruby>星期四<rt>Xīngqīsì</rt></ruby>

（2）A. <ruby>香蕉<rt>xiāngjiāo</rt></ruby>　　B. <ruby>葡萄<rt>pútao</rt></ruby>　　C. <ruby>果汁<rt>guǒzhī</rt></ruby>　　D. <ruby>苹果<rt>píngguǒ</rt></ruby>

（3）A. <ruby>3.6元<rt>sān diǎn liù yuán</rt></ruby>　　B. <ruby>1.8元<rt>yī diǎn bā yuán</rt></ruby>　　C. <ruby>3元<rt>sān yuán</rt></ruby>　　D. <ruby>1.6元<rt>yī diǎn liù yuán</rt></ruby>

（4）A. <ruby>四瓶<rt>sì píng</rt></ruby>　　B. <ruby>十瓶<rt>shí píng</rt></ruby>　　C. <ruby>十四瓶<rt>shísì píng</rt></ruby>　　D. <ruby>十六瓶<rt>shíliù píng</rt></ruby>

（5）A. <ruby>36.7元<rt>sānshíliù diǎn qī yuán</rt></ruby>　　B. <ruby>37.6元<rt>sānshíqī diǎn liù yuán</rt></ruby>
　　　C. <ruby>76.3元<rt>qīshíliù diǎn sān yuán</rt></ruby>　　D. <ruby>73.6元<rt>qīshísān diǎn liù yuán</rt></ruby>

第9课　苹果怎么卖？

2. 听后根据所给关键词复述课文 Retail the text with the key words

今天……，王美丽的朋友来……玩儿。她去商店买……。苹果……一斤，橘子……一斤。她买了……斤苹果，……橘子。……很贵，……一盒，她买了一盒。朋友喝……，不喝……。王美丽买了……瓶啤酒，十六块。水果、点心和啤酒，一共……。

五、课堂活动 Activities

（一）看图说话 Talk about the picture

题目：在超市买东西 Title: Shopping in the supermarket

1.50 元/瓶　　2.30 元/斤

0.80 元/支　　3.80 元/本

（二）分组练习：介绍购物经历 Group practice: Introduce your shopping experience

两人一组，介绍一下你的一次购物经历，买了什么，花了多少钱

In pairs, introduce your recent shopping experience. What did you buy and how much did you spend?

Dì-shí kè Zhōumò yúkuài!
第10课 周末愉快!

一、生词 New words

序号	词语	拼音	词性	意思
1	儿子[1]	érzi	名	
2	帅[4]	shuài	形	
3	年轻[2]	niánqīng	形	
4	同事[2]	tóngshì	名	
5	精神[3]	jīngshen	形	
6	老人[1]	lǎorén	名	
7	新年[1]	xīnnián	名	
8	孩子[1]	háizi	名	
9	家人[1]	jiārén	名	
10	（一）点儿[1]	(yì) diǎnr	（数）量	
11	手表[2]	shǒubiǎo	名	
12	块[1]	kuài	量	
13	好看[1]	hǎokàn	形	
14	歌[1]	gē	名	
15	好听[1]	hǎotīng	形	
16	有意思[2]	yǒu yìsi	形	
17	假期[2]	jiàqī	名	
18	遇到[4]	yùdào	动	
19	小[1]	xiǎo	形	
20	送[1]	sòng	动	

二、重点句式操练 Pattern drills

1. A：这位是谁？／这位是……
   Zhè wèi shì shéi? / Zhè wèi shì…

   B：我给您介绍一下，这是我姐姐，久井美子。
   Wǒ gěi nín jièshào yíxià, zhè shì wǒ jiějie, Jiǔjǐng Měizǐ.

   A：长得真漂亮。
   Zhǎng de zhēn piàoliang.

gēge 哥哥	shuài 帅
érzi 儿子	kě'ài 可爱
tóngxué 同学	piàoliang 漂亮
fùqīn 父亲	niánqīng 年轻
tóngshì 同事	jīngshen 精神
àiren 爱人	shuài / piàoliang 帅／漂亮

2. 明天是我女儿的生日，我给她买个礼物。
   Míngtiān shì wǒ nǚ'ér de shēngrì, wǒ gěi tā mǎi gè lǐwù.

wǒ mǔqīn de shēngrì 我母亲的生日	tā 她	lǐwù (gè) 礼物（个）
Lǎorén Jié 老人节	fùmǔ 父母	diǎnxin (hé) 点心（盒）
xīnnián 新年	háizi 孩子	lǐwù (gè) 礼物（个）
zhōumò 周末	jiārén 家人	shuǐguǒ (diǎnr) 水果（点儿）
wǒ érzi de shēngrì 我儿子的生日	tā 他	shǒubiǎo (kuài) 手表（块）

3. A：苹果好吃吗？
   Píngguǒ hǎochī ma?

   B：苹果很好吃。
   Píngguǒ hěn hǎochī.

júzi 橘子	tián 甜
bǐjìběn 笔记本	guì 贵
shū 书	hǎokàn 好看
niúnǎi 牛奶	hǎohē 好喝
Zhōngwéngē 中文歌	hǎotīng 好听
diànyǐng 电影	yǒu yìsi 有意思

4. Zhōumò yúkuài!
周末 愉快！

Guóqìng Jié 国庆节
Értóng Jié 儿童节
jiàqī 假期
xīnnián 新年

三、听对话 Listen to the dialogue

☐ 1. 听后回答问题 Answer the questions after listening

（1）Duìhuà li yǒu jǐ gè rén? Tāmen shì shéi?
对话里有几个人？他们是谁？

（2）Tāmen qù nǎr? Zuò shénme?
他们去哪儿？做什么？

（3）Níkě rènshi Lǐ lǎoshī ma?
尼可认识李老师吗？

☐ 2. 听后判断正误 Judge true or false after listening

（1）Níkě xǐhuan zài túshūguǎn shàngwǎng.
尼可喜欢在图书馆上网。　　　　　　　　　　　　　（　）

（2）Wáng lǎoshī shì Lǐ lǎoshī de àiren.
王老师是李老师的爱人。　　　　　　　　　　　　　（　）

（3）Níkě bú rènshi Lǐ lǎoshī.
尼可不认识李老师。　　　　　　　　　　　　　　　（　）

第10课　周末愉快！

Wáng lǎoshī qù túshūguǎn kànshū.
（4）王老师去图书馆看书。　　　　　　　　　　（　　）

Lǐ lǎoshī mǎi lǐwù sònggěi Níkě.
（5）李老师买礼物送给尼可。　　　　　　　　　（　　）

四、听短文　Listen to the passage

1. 听后选择正确答案　Choose the right answer after listening

（1）A. shūdiàn 书店　　B. shāngdiàn 商店　　C. túshūguǎn 图书馆　　D. sùshè 宿舍

（2）A. shì Zhēnyī de mèimei 是真一的妹妹　　B. bù xuéxí Hànyǔ 不学习汉语
　　　C. zhǎng de hěn piàoliang 长得很漂亮　　D. rènshi Bái lǎoshī 认识白老师

（3）A. Yuányuan 圆圆　　B. Bái lǎoshī 白老师　　C. Zhēnyī 真一　　D. jiějie 姐姐

（4）A. jiǔ suì 9岁　　B. shíjiǔ suì 19岁　　C. bā suì 8岁　　D. shíbā suì 18岁

（5）A. hěn niánqīng 很年轻　　B. hěn shuài 很帅　　C. hěn kě'ài 很可爱　　D. hěn jīngshen 很精神

2. 听后根据所给关键词复述课文　Retail the text with the key words

……wǎnshang,晚上，Zhēnyī hé jiějie zài shāngdiàn真一和姐姐在商店……，tāmen yùdào le他们遇到了……。Bái lǎoshī bú rènshi Měizǐ,白老师不认识美子，Zhēnyī gěi tā真一给她……yíxià.一下。Měizǐ yě xuéxí Hànyǔ,美子也学习汉语，tā zhǎng de hěn piàoliang.她长得很漂亮。Míngtiān shì Bái lǎoshī de nǚ'ér明天是白老师的女儿……，tā gěi nǚ'ér mǎi gè她给女儿买个……。Bái lǎoshī de nǚ'ér jiào Yuányuan,白老师的女儿叫圆圆，jīnnián今年……，tā zhǎng de她长得……，Měizǐ hěn xǐhuan tā.美子很喜欢她。

五、课堂活动 Activities

☐ 分组练习：我来介绍一下 Group practice: Let me introduce

请你跟任意两位同学组成小组，互相介绍。使用下面的关键句 Please form a group with any two students and introduce each other. Please use the following key sentences

> gěi…… jièshào yíxià
> 给……介绍一下
>
> Zhè wèi shì……
> 这位是……。
>
> Zhè wèi shì…… ma?
> 这位是……吗?
>
> Zhǎng de zhēn……
> 长得真……。

图书在版编目(CIP)数据

汉语十日通.听说.入门篇/别红樱主编.—北京：商务印书馆，2023
ISBN 978-7-100-22281-5

Ⅰ.①汉… Ⅱ.①别… Ⅲ.①汉语—听说教学—对外汉语教学—教材 Ⅳ.① H195.4

中国国家版本馆CIP数据核字（2023）第057899号

权利保留，侵权必究。

汉语十日通

听说·入门篇

别红樱 主编

商 务 印 书 馆 出 版
（北京王府井大街36号 邮政编码100710）
商 务 印 书 馆 发 行
北京捷迅佳彩印刷有限公司印刷
ISBN 978-7-100-22281-5

2023年6月第1版 开本 889×1194 1/16
2023年6月北京第1次印刷 印张 3¾

定价：56.00元